CONSIGA UM AUMENTO E SEJA PROMOVIDO COM RAPIDEZ

BRIAN TRACY

CONSIGA UM AUMENTO E SEJA PROMOVIDO COM RAPIDEZ

21 DICAS PARA PROGREDIR NA CARREIRA

SEXTANTE

tradução
Sabrina Janni

preparo de originais
Cristiane Pacanowski

revisão
Hermínia Totti, Taís Monteiro e Tereza da Rocha

projeto gráfico e diagramação
Abreu's System

capa
Retina 78

impressão e acabamento
Yangraf Gráfica e Editora Ltda.

CIP-BRASIL. CATALOGAÇÃO-NA-FONTE
SINDICATO NACIONAL DOS EDITORES DE LIVROS, RJ

T683c Tracy, Brian, 1944-
Consiga um aumento e seja promovido com rapidez / Brian Tracy
[tradução de Sabrina Janni]; Rio de Janeiro: Sextante, 2011.

Tradução de: Get paid more and promoted faster
ISBN 978-85-7542-655-5

1. Profissões - Desenvolvimento. 2. Promoções. I. Título.

11-1923 CDD: 650.14
CDU: 331.548

Rua Voluntários da Pátria, 45/1.404 – Botafogo
22270-000 – Rio de Janeiro – RJ
Tel.: (21) 2538-4100 – Fax: (21) 2286-9244
E-mail: atendimento@esextante.com.br
www.sextante.com.br

Dedico este livro ao meu grande amigo e sócio Victor Risling, um exemplo de seriedade, dedicação e responsabilidade, um homem que está sempre pronto a ir além para alcançar seus objetivos. Victor é um modelo a ser seguido por qualquer pessoa que realmente queira ganhar mais e ser promovida mais depressa.

Sumário

Prefácio

Se você deseja ter mais controle sobre sua carreira, comece logo a ler este livro. Se acha que merece um salário muito maior do que o que está ganhando atualmente, é bem provável que esteja certo, e os conselhos apresentados aqui vão lhe mostrar como conseguir isso. Você vai ter acesso a uma série de técnicas testadas e comprovadas que vão ajudá-lo a progredir depressa em qualquer carreira ou emprego.

As estratégias que reuni aqui são fruto de mais de 30 anos de experiência no mundo corporativo, em todos os níveis hierárquicos, durante os quais exerci funções simples até chegar ao topo e ocupar cargos importantes. Tive mais de 20 empregos em diversos setores e países diferentes e aprendi estes princípios à medida que me empenhava em progredir.

Ao longo da minha carreira, sempre procurei me informar e compreender por que algumas pessoas são mais bem-sucedidas que outras. Eu me concentrei, mais precisamente, em descobrir por que alguns profissionais são mais bem remunerados e promovidos com mais rapidez.

Aos poucos, fui aproveitando as oportunidades que surgiam: ganhei experiência na área de vendas, cheguei à gerência e, finalmente, me tornei diretor de operações de uma empresa milionária. Atualmente, presto consultoria nas áreas de desenvolvimento de carreira e sucesso pessoal a executivos de algumas das maiores organizações do mundo.

Nos vários cargos que ocupei, pude contratar, treinar, orientar, avaliar, promover e até demitir diversas pessoas.

Nos programas de treinamento que desenvolvo, trabalho com executivos e empresários bem-sucedidos a fim de ajudá-los a criar estratégias para melhorar seu desempenho e alcançar ótimos resultados, aumentando seus rendimentos mais rápido do que nunca.

Independentemente da sua profissão e do cargo que ocupa hoje, as ideias contidas aqui podem ser muito úteis no seu dia a dia no trabalho. O fato é que você deve valer o dobro do que está ganhando agora – e pode valer cinco ou até 10 vezes mais. Porém, fazer algo para melhorar o seu potencial no trabalho depende exclusivamente da sua vontade.

Você é o arquiteto da sua própria carreira. É você quem determina, em grande parte, o que acontece na sua vida profissional, sobretudo a longo prazo. Seu principal compromisso, portanto, é aumentar o retorno da energia que investe no trabalho, obtendo a maior remuneração possível pela quantidade de tempo que passa realizando suas tarefas.

O tempo que alguém leva para ser bem-sucedido na profissão é exatamente o mesmo que levaria para ser apenas um profissional comum. No entanto, é provável que qualquer um tenha a capacidade de ser extraordinário de algum modo e, até, de diversas maneiras. Sem dúvida, deve haver em você talentos e habilidades que nunca foram utilizados plenamente. Cabe a você identificar essas características especiais e começar a utilizá-las para obter o máximo da sua carreira.

Este livro tem um único objetivo: o seu sucesso profissional. Ele não trata de equilíbrio, qualidade de vida ou da importância dos relacionamentos pessoais. As 21 ideias que apresento aqui têm o propósito de ajudá-lo a se tornar o mais bem-sucedido possível no seu campo de atuação. Elas se baseiam no princípio de que você é responsável por sua carreira e seu futuro. Não é um agente passivo esperando que coisas boas lhe aconteçam. É você quem cria as circunstâncias, em vez de simplesmente se submeter a elas.

Cada ideia, estratégia, técnica ou método que você vai aprender aqui foi testado e comprovado. Milhares de homens e mulheres estão utilizando esses princípios no dia a dia para melhorar consideravelmente seus resultados. Usar essas sugestões regularmente vai ajudá-lo a economizar anos de trabalho árduo para alcançar o mesmo nível de rendimento e de sucesso. E, é bom lembrar, não existem limites reais em relação ao que você pode realizar, exceto aqueles que você impõe a si mesmo.

Brian Tracy

INTRODUÇÃO

Assumindo o controle da sua carreira e do seu futuro

A humanidade vive um momento maravilhoso na história. Nunca houve tantas oportunidades e possibilidades para que pessoas ambiciosas alcancem seus objetivos profissionais e pessoais como hoje em dia.

Cabe a você aproveitar as vantagens que essas portas abertas lhe oferecem. Seu dever é participar, utilizando todos os seus conhecimentos e habilidades, do que muitos economistas estão chamando de "a era de ouro da humanidade". Este livro vai lhe mostrar como fazer isso.

Nas páginas a seguir, você irá aprender uma série de medidas práticas, simples e eficientes para ganhar mais pelo trabalho que realiza. Vai descobrir o que fazer para ser promovido mais depressa e conquistar cargos de maior responsabilidade e autoridade. Conhecerá também maneiras de impulsionar sua carreira e colocá-la no rumo do sucesso.

Esses métodos e técnicas são utilizados pelos profissionais mais bem pagos e bem-sucedidos do mercado. Quando colocá-los em prática, você perceberá que sua vida vai ganhar um ritmo mais acelerado e sua carreira vai dar um salto. Com esses conselhos, o progresso que fará nos próximos anos será maior do que aquele que um profissional mediano faria em 10 ou 20 anos.

Hoje já não é tão comum uma pessoa passar a vida toda no mesmo emprego. Isso quer dizer que, a partir de agora, sua carreira e sua vida pessoal são, única e exclusivamente, responsabilidade sua. Um dos maiores erros que você pode cometer é pensar que trabalha para outra pessoa que não você mesmo. Não importa quem paga seu salário: você é seu próprio chefe. A longo prazo, é você quem determina quanto vai ganhar, quando será promovido e tudo o mais que acontecerá em sua carreira.

Os profissionais que ocupam posições de destaque no mercado em termos de salários e promoções se consideram autônomos, não importa onde nem para quem trabalhem. Essa atitude de assumir toda a responsabilidade pelos resultados torna-os mais valiosos tanto para a empresa, que se beneficia de seus serviços, quanto para si mesmos. Assim, mais portas se abrem para esses profissionais. Além disso, eles ganham mais e são promovidos mais rapidamente.

A partir de agora, pense em si mesmo como o presidente de uma companhia cujo único funcionário é você. Pense que é o único responsável por vender um produto – seu próprio trabalho – para um mercado competitivo. Considere-se um consultor da sua empresa, alguém determinado a justificar o salário que recebe.

Comece logo a colocar em prática estas 21 medidas para ganhar mais e ser promovido mais rapidamente. Você não vai se arrepender.

CAPÍTULO 1

Decida exatamente o que você quer

O mundo costuma abrir caminho para o homem cujas palavras e ações mostram que ele sabe para onde está indo.

NAPOLEON HILL

Esse é um enorme passo em direção ao sucesso pessoal e à autorrealização. Decida o que você de fato quer da sua carreira. Analise com cuidado seus talentos e habilidades. Reflita bastante e identifique o que você realmente gosta de fazer. Descubra quais são as tarefas e atividades que mais lhe interessam e prendem sua atenção. Pense nos seus empregos anteriores. Quais foram as experiências mais satisfatórias e os momentos mais agradáveis?

Você é o maior milagre da natureza, o resultado de milhões de anos de evolução. Nunca houve e nunca haverá alguém exatamente como você. Seu código genético contém uma quantidade notável de habilidades que você pode desenvolver para desempenhar certas tarefas extraordinariamente bem.

Você foi feito para ser bem-sucedido desde seu nascimento. Possui diversos talentos e habilidades ainda inexplorados. Tem a capacidade de ser, fazer e possuir praticamente qualquer coisa que escolha. Mas antes precisa aceitar a responsabilidade de decidir o que quer e então se dedicar de corpo e alma a se tornar tudo o que é capaz de ser.

Ao decidir o que quer de verdade, aplique o processo de *idealização* na sua carreira. Pense em como você será daqui a cinco anos e imagine-se no emprego perfeito, com as pessoas ideais ao seu redor, o salário ideal, nas melhores condições de trabalho. Defina seu ideal com clareza e determine o que você precisaria fazer para torná-lo realidade a partir de hoje.

Imagine que você possa ter qualquer emprego que queira e que todas as vagas estejam à sua disposição. Visualize-se realizando um trabalho que você realmente gostaria de fazer e do qual nunca se cansaria.

Um dos maiores segredos do sucesso é decidir o que você gosta de fazer de fato e depois encontrar um meio de ganhar a vida fazendo exatamente isso. Essa é uma decisão só sua. Ninguém pode fazer isso por você.

Quase sempre você ganhará mais e será promovido mais depressa quando estiver fazendo um trabalho do qual realmente goste, algo que você ache interessante e desafiador e que seja uma fonte constante de estímulo e motivação. A verdade é que, a não ser que você se interesse de fato pelo seu trabalho, jamais será capaz de ter o compromisso, o entusiasmo e a dedicação necessários para se destacar e superar as dificuldades, os desafios e os percalços que qualquer emprego ou carreira apresentam.

Para pensar com clareza, coloque em prática o método do "pensamento base zero" tanto na carreira como na vida pessoal. Esse método de análise teve origem no campo da contabilidade e é uma das técnicas de pensamento mais poderosas que você deve aprender e passar a utilizar.

Seu funcionamento é bem simples. Na contabilidade base zero, examina-se cada despesa e faz-se a seguinte pergunta: "Se já não estivéssemos comprometidos com esses gastos, sabendo o que sabemos hoje, começaríamos de novo esse projeto?"

O pensamento base zero é parecido. Pense em todas as suas decisões anteriores e pergunte a si mesmo: "Existe algo que eu esteja fazendo que, sabendo o que sei hoje, não faria novamente se surgisse outra oportunidade?" Esta é uma das perguntas mais úteis que você pode fazer para reprogramar sua vida.

O fato é que em tempos turbulentos e de mudanças rápidas como os de hoje, e provavelmente durante toda a sua vida profissional, você sempre poderá responder "sim" a essa pergunta.

Aplique essa técnica a seu emprego atual. Sabendo o que sabe agora, você aceitaria permanecer na mesma função e nas mesmas condições em que trabalha? Continuaria nesse ramo e nessa companhia? Com o mesmo chefe? Pelo salário que recebe hoje? No cargo que ocupa? Seja franco: sim ou não?

Se a resposta for não, sua próxima pergunta será: "Como posso mudar essa situação e com que rapidez posso fazer isso?" A responsabilidade é sua.

É possível que você tenha que se dedicar bastante e precise de várias tentativas antes de encontrar a carreira ideal. Mas tudo começa na hora que você decide o que realmente quer de um emprego – e também o que não quer – e então passa a se empenhar para atingir seu objetivo.

COLOQUE SUAS HABILIDADES EM PRÁTICA

Faça uma "lista dos sonhos" referente ao emprego ou cargo ideal. Comece imaginando que não existem limites para o que você poderia fazer. Pense que todas as opções e possibilidades estão à sua disposição. Imagine que tem as qualificações e o conhecimento necessários, além da experiência, dos contatos, do tempo e do dinheiro de que precisa. Que emprego escolheria se pudesse ter qualquer um que desejasse?

Pense em ações específicas que você pode implementar imediatamente. O que pode fazer neste instante para começar a se preparar para o emprego ou cargo que deseja? Seja qual for a sua resposta, faça algo, qualquer coisa, mas comece já! A responsabilidade é sua.

CAPÍTULO 2

Escolha a empresa certa

A escolha é sua. Você é o comandante. Pode escolher que direção seguir e o lugar onde quer estar hoje, amanhã ou num futuro distante.

W. Clement Stone

Nestes tempos de mudanças rápidas e constantes, alguns setores estão crescendo, se expandindo e absorvendo milhares de profissionais. Essas áreas oferecem oportunidades incríveis para homens e mulheres que querem progredir mais rapidamente do que a maioria das pessoas.

Ao mesmo tempo, vários setores estagnaram ou estão em declínio, por terem perdido importância econômica ou disporem de menos vagas. Essas empresas continuam a empregar profissionais para substituir os que pediram demissão ou se aposentaram, mas, por causa da concorrência, da automatização, das novas tecnologias e das mudanças nos hábitos de consumo, a tendência é que não cresçam muito nos próximos anos. Sua primeira tarefa na busca do sucesso é distinguir as empresas de alto crescimento das que tendem a se desenvolver menos.

Você conseguirá ganhar mais e ser promovido mais rapidamente em uma companhia de alto crescimento do que em uma cujo mercado esteja em retração. Muitas pessoas acabam fazendo mudanças consideráveis em suas vidas ao aceitarem um emprego em uma organização diferente, que atue em um setor mais aquecido da economia.

Pense na combinação única dos seus talentos e habilidades como um bem precioso, tenha prazer em ganhar dinheiro e encare o mercado de trabalho como um lugar no qual se deve investir visando ao retorno mais alto possível. Suas energias física, mental e emocional são seu "capital humano". Portanto, procure utilizá-las de maneira que rendam os maiores benefícios. Quando se trata de dedicar sua vida e seu trabalho a uma determinada empresa ou a um mercado específico, você não deve pensar em mais ninguém, apenas em você mesmo.

Ao encontrar o emprego certo, na companhia adequada, você deve se dedicar de corpo e alma a fazer seu trabalho de maneira excepcional. Busque constantemente maneiras de aumentar seu valor. Essa estratégia vai ajudá-lo a ganhar mais e ser promovido mais rapidamente nos próximos meses e anos.

COLOQUE SUAS HABILIDADES EM PRÁTICA

Pesquise o mercado de trabalho e identifique quais setores estão atraindo mais a atenção da mídia por causa dos seus novos produtos, métodos ou taxas de crescimento. Decida se alguma dessas companhias ou segmentos lhe interessa.

Pesquise em jornais, revistas, bibliotecas e na internet. A pessoa mais bem informada é a que tem mais poder. Converse com profissionais que trabalham nas empresas que lhe interessam. Busque emprego nessas organizações e descubra quais são as habilidades ou capacidades que é preciso ter para ser bem-sucedido nelas. Os resultados dessa pesquisa podem mudar sua vida.

CAPÍTULO 3

Escolha o chefe certo

O maior poder que uma pessoa possui é o poder de escolha.

J. MARTIN KOHE

Escolher o chefe certo pode impulsionar sua carreira e lhe garantir a remuneração e o cargo desejados. E isso pode ser mais determinante do que praticamente qualquer outra coisa que você faça.

Aceitar um emprego é como começar um casamento, uma relação em que seu chefe é o seu "parceiro de negócios". Ele terá uma enorme influência no que se refere ao seu salário, ao seu bem-estar no trabalho, às suas possibilidades de promoção e a tudo o mais relacionado à sua vida profissional.

Ao se candidatar a uma vaga, procure fazer muitas perguntas a seu possível chefe. Certifique-se de que ele é o tipo de pessoa com quem gostaria de trabalhar e se é alguém que você respeitaria e admiraria. Você precisa ter certeza de que ele apoia a equipe e é alguém com quem pode contar para ajudá-lo a progredir o mais rápido possível na carreira.

Os melhores chefes parecem ter algumas qualidades em comum, independentemente das empresas e dos segmentos em que atuam. Eles são, acima de tudo, pessoas íntegras. Quando fazem promessas, eles as cumprem. Quando dizem que vão fazer algo, fazem exatamente o que disseram que fariam. Se prometem rever seu salário ou lhe dar um aumento, eles cumprem o prometido na data combinada.

Os melhores chefes são claros ao explicar uma tarefa. Eles se certificam de que sua equipe entendeu o que deve fazer, da forma e no prazo previstos. Pedem sugestões, aceitam contribuições e estão sempre abertos a maneiras inovadoras de executar o trabalho.

São atenciosos e se importam com os funcionários. Isso quer dizer que eles se interessam por você tanto no que se refere ao aspecto pessoal quanto ao profissional, e também demonstram interesse por sua família. Querem saber o que o preocupa e se isso pode afetar seu rendimento no trabalho.

Isso não quer dizer que um bom chefe seja como um pai, uma mãe, um confidente ou até mesmo uma babá. Mas um bom chefe vê você como uma pessoa que tem uma vida além da esfera profissional.

Você pode avaliar a qualidade do seu relacionamento com seu chefe analisando sua liberdade para falar de maneira franca, honesta e direta com ele sobre assuntos que o preocupam. Ao vê-lo se aproximar, você deve sentir-se confiante e feliz, em vez de nervoso ou inseguro.

O melhor sinal disso tudo é que, quando trabalha com o chefe certo, no emprego adequado, você se sente feliz e relaxado. Você se diverte e se considera importante e valorizado como profissional e como pessoa.

Trabalhar para um ótimo chefe é um bom modo de ganhar mais e ser promovido mais rapidamente. E existem muitos chefes excelentes por aí.

COLOQUE SUAS HABILIDADES EM PRÁTICA

Imagine como seria o chefe perfeito. Pense nos melhores chefes ou professores que já teve. Identifique as qualidades e os comportamentos que eles tinham em comum. Você consegue estabelecer uma comparação entre a sua imagem de chefe ideal e seu chefe atual? Como?

Tome a iniciativa de melhorar o relacionamento com seu chefe, se achar que isso é necessário. Converse com ele e diga, de maneira franca e sem rodeios, o que você acha que ele deve fazer ou deixar de fazer para que você se torne um funcionário mais eficiente. Diga o que o deixaria mais feliz e faria com que você desse uma contribuição ainda mais valiosa para a empresa. Muitos chefes gostam desse tipo de feedback construtivo, dado com o intuito de ajudar, e não como um ataque ou crítica.

CAPÍTULO 4

Desenvolva uma atitude positiva

> Todo homem está onde está por causa de suas ações. Os pensamentos que moldam seu caráter levaram-no até lá.
>
> JAMES ALLEN

Segundo o psicólogo canadense Sidney Jourard, 85% do sucesso que você tem no trabalho é determinado por sua atitude e personalidade. Seu progresso, quanto você ganha e a rapidez com que é promovido dependem principalmente de quanto as pessoas gostam de você e de quão dispostas estão a ajudá-lo.

Pessoas alegres e otimistas são mais valorizadas e respeitadas do que as que estão sempre reclamando e criticando. Seu relacionamento com os outros e suas atitudes como integrante de um grupo são os principais fatores determinantes do seu sucesso profissional. Seu salário e suas chances de promoção serão muito influenciados pela maneira como você colabora com os outros, em cada estágio da sua carreira.

Os melhores colegas parecem ser aqueles que são agradáveis, positivos e que apoiam os companheiros de trabalho. Simpáticos e atenciosos, são o tipo de pessoa com quem todos querem se relacionar, trabalhar e colaborar.

Uma pessoa positiva e amiga é imediatamente notada e admirada por seus superiores, que podem impulsionar sua carreira. Além disso, alguém positivo recebe mais apoio dos colegas e da equipe, o que faz com que tenha um progresso mais rápido.

Seu grau de positividade é mais notável quando você precisa trabalhar sob pressão. Afinal, qualquer um consegue ser positivo quando tudo vai bem. Mas quando as dificuldades e os contratempos surgem é que você mostra a si mesmo e aos que estão ao seu redor como é de fato. Lembre-se de que, quando as coisas se complicam, apenas os fortes seguem em frente.

Alguém positivo tenta encontrar algo de bom em cada pessoa ou situação, buscando o lado construtivo ou uma lição valiosa em cada problema que enfrenta. Esse hábito o mantém otimista e alegre e faz com que continue concentrado no futuro e preocupado em seguir em frente, em vez de ficar remoendo o passado e sentindo-se culpado.

Felizmente, essa abordagem construtiva é um hábito que pode ser desenvolvido com a prática. Uma atitude positiva é algo que você aprende ao decidir ver as pessoas e as coisas com bons olhos todos os dias, em especial nas situações em que isso é mais necessário.

COLOQUE SUAS HABILIDADES EM PRÁTICA

Decida que, a partir de hoje, você vai se tornar uma pessoa completamente positiva no trabalho e na vida pessoal. Não critique nem reclame quando as coisas não estiverem indo bem. Resista à tentação de procurar erros, fazer fofoca ou reclamar dos outros ou de qualquer coisa na empresa para a qual você trabalha.

Comece hoje mesmo a implementar o programa dos 21 dias de atitude positiva. Durante esse período, esforce-se para ser positivo e construtivo o dia inteiro, aconteça o que acontecer. Conte até 10 antes de reagir de maneira negativa a um problema ou dificuldade. Procure uma coisa boa para dizer em cada situação. Ao fim dos 21 dias, você terá criado um novo hábito que servirá para o resto da sua vida.

CAPÍTULO 5

Crie uma imagem bem-sucedida

> A maioria das pessoas é guiada pelo aspecto visual. Elas o julgam por sua aparência exterior, da mesma maneira que você as julga.
>
> Brian Tracy

Vista-se de acordo com o que você quer parecer. Se quer ser um profissional bem-sucedido, ser aceito e respeitado pelos outros, precisa aparentar ser o tipo de pessoa que os outros possam admirar e com quem se identifiquem.

É incrível a quantidade de pessoas que deixam de progredir, ano após ano, por ignorarem ou não prestarem a devida atenção à própria aparência. Ninguém disse a elas como sua maneira de se vestir e de se cuidar é importante e que se estiverem atentas a esse aspecto poderão ganhar mais e ser promovidas mais rapidamente.

Existem vários artigos e livros sobre o tema da imagem profissional nos negócios. Eu mesmo estudei o assunto durante anos e dei aulas de etiqueta e vestuário a milhares de homens e mulheres. Perdi a conta das situações em que uma pequena mudança na aparência fez toda a diferença na contratação e na promoção de alguém. A forma como você se apresenta sem dúvida tem enorme influência sobre os seus objetivos e o tempo que levará para atingi-los.

As pessoas o julgam, ao menos inicialmente, pela aparência. Lembre-se de que você não tem uma segunda chance de causar uma boa impressão à primeira vista. Sua aparência, suas roupas e os cuidados pessoais determinam 95% da primeira impressão que você causa, e esses aspectos são determinados única e exclusivamente por você.

Caso você não saiba, quando escolhe a roupa que vai vestir e como vai se arrumar, declara ao mundo quem você é e o que pensa de si mesmo, e assim mostra como as pessoas devem avaliá-lo e tratá-lo. Desde que passa a se vestir sozinho, é você o único responsável pela mensagem que envia aos outros.

Profissionais de comunicação costumam dizer que as pessoas o julgam nos primeiros quatro segundos e chegam a uma opinião definitiva sobre você nos 30 segundos seguintes. Que tipo de impressão você gostaria de deixar? Que mudanças poderia fazer para causar uma primeira impressão mais positiva?

Você deve sempre se vestir como um profissional sério e bem-sucedido, obedecendo aos padrões ditados pelo seu trabalho ou pelo segmento em que atua. Para determinar o vestuário adequado, observe as pessoas do alto escalão da companhia. Nos eventos do setor, analise os profissionais que ocupam cargos acima do seu e espelhe-se neles.

Recomenda-se que você se vista como se ocupasse um cargo duas vezes acima do que tem no momento. Quando você passa a dar sinais de que pode exercer uma função superior à atual, as pessoas que determinam o seu futuro no trabalho começam a pensar em você num cargo mais bem remunerado e de maior responsabilidade. Elas passam a vê-lo como um profissional com mais chances de promoção. Se você é alguém com um futuro brilhante, não se vista como se fosse uma pessoa sem futuro.

Algumas cores e combinações específicas funcionam melhor do que outras no mundo dos negócios. Além do mais, certas roupas e certos acessórios transmitem uma imagem de autoridade e competência. Esses detalhes variam de acordo com o segmento e a empresa, mas fazem muita diferença.

Hoje em dia fala-se de um código de vestuário mais informal e sobre a mudança no padrão da indumentária aceitável no mundo dos negócios. Muito do que se diz é verdadeiro apenas em parte ou, em alguns casos, totalmente falso. Até o mais informal dos executivos tem um terno à disposição para o caso de receber a visita de um cliente ou investidor.

Vestir-se com trajes informais só é aceitável para funcionários que tenham pouco contato com clientes ou que tenham apenas uma influência indireta no futuro da companhia. Siga os líderes, não os seguidores!

Vista-se como uma pessoa que tem um objetivo bem definido. Se todos ao seu redor se vestem informalmente e mesmo assim você decide se vestir bem, quem você acha que vai se destacar e parecer um profissional mais sério, com um grande futuro pela frente?

A diretoria quer sentir orgulho dos funcionários que apresenta aos clientes e a outros parceiros de negócios. Quando você tem um cuidado especial ao se vestir, parece mais competente e capaz diante daqueles que podem ajudá-lo a progredir na carreira. Você deve se vestir e se arrumar como o tipo de pessoa que um executivo gostaria de apresentar como um representante da empresa.

Esforce-se para parecer sempre um vencedor no trabalho. Aja como uma pessoa admirada e importante. Aparente ser um profissional com um grande futuro pela frente e que vai contribuir para o sucesso da companhia. Não importa o que os outros digam, as pessoas são muito influenciadas pelas aparências. Seu objetivo é passar sempre uma imagem competente e confiante, em qualquer situação.

Nunca esqueça que você é uma pessoa extraordinária com um futuro promissor pela frente. É importante que todos reconheçam isso de imediato e a cada novo encontro.

COLOQUE SUAS HABILIDADES EM PRÁTICA

A partir de hoje, decida que você vai se vestir, se cuidar e ter a aparência de alguém que já é o grande sucesso que você pretende ser. Olhe em volta e preste atenção nas pessoas mais bem-sucedidas da empresa em que trabalha e siga o exemplo delas. Ignore as que se vestem de modo casual e opte por trajes mais sóbrios, como se tivesse uma entrevista de emprego no fim do dia.

Talvez seja útil seguir as dicas de um bom livro sobre vestuário, estilos, tecidos e cuidados com a aparência. Aprenda como combinar as cores e os acessórios. Examine seu guarda-roupa atual e livre-se das peças que não combinam mais com a imagem que você quer transmitir.

CAPÍTULO 6

Chegue mais cedo, esforce-se mais e trabalhe até mais tarde

O propósito da vida é a própria vida. E vida é ação. É nosso dever e nossa felicidade usar ao máximo as habilidades e capacidades de que dispomos.

ANÔNIMO

Comprometa-se com o trabalho árduo. Nada chama mais a atenção das pessoas importantes para o seu sucesso do que ter sua dedicação e sua produtividade reconhecidas.

Um funcionário empenhado não é alguém com uma personalidade antissocial ou compulsiva, que não sabe lidar com o estresse ou o excesso de trabalho. Pelo contrário, uma pessoa esforçada não perde tempo e aproveita cada minuto de sua produtividade. Ela sabe determinar suas prioridades de maneira bem clara, trabalha ao longo do dia inteiro e está decidida a contribuir positivamente para a empresa.

Todos sabem quem são os funcionários mais esforçados da companhia. Quase sempre são aqueles que ganham mais e conseguem ser promovidos mais rapidamente. Eles executam mais tarefas em menos tempo, por isso a contribuição que oferecem é maior. Isso os torna mais lucrativos para a companhia, o que os transforma em um ótimo investimento. Eles dão um bom exemplo e também são os funcionários que os chefes se orgulham de ter na equipe.

Duas horas extras de trabalho produtivo por dia é tudo de que você precisa para se transformar numa das pessoas mais eficientes e lucrativas da empresa. Uma opção para produzir mais é chegar uma hora antes e sair uma hora depois do fim do expediente. Isso vai tornar seu dia um pouco mais longo, mas vai impulsionar sua carreira.

Especialistas em eficiência concluíram que cada hora de trabalho ininterrupto equivale a três horas de trabalho em que você é incomodado constantemente. A verdade é que, por causa das distrações, você consegue produzir muito pouco no escritório, ainda mais se o seu trabalho for criativo. Você precisa arranjar intervalos em que possa trabalhar sem ser perturbado. Para conseguir adiantar suas tarefas, você pode chegar antes dos outros funcionários, aproveitar o horário de almoço, enquanto estão todos fora, ou ficar até mais tarde.

Os principais profissionais de todos os segmentos trabalham mais do que os de desempenho mediano – 50 horas ou mais por semana. Eles não perdem tempo e se mantêm produtivos o tempo todo. Chegam cedo e se dedicam logo às tarefas mais importantes. São cordiais, mas não passam o dia batendo papo ou fofocando com os colegas.

Esse também deve ser o seu objetivo. Seja produtivo durante todo o tempo em que estiver no trabalho. Não se deixe distrair por outras atividades, como dar telefonemas pessoais, ler o jornal, navegar na internet, conversar sobre o jogo da noite anterior ou algum programa de TV. Trabalhe o tempo todo.

Imagine que a sua empresa vai contratar uma firma para analisar todos os funcionários e identificar quem trabalha mais, quem é o segundo no índice de produtividade e assim por diante, até chegar ao funcionário de menor rendimento. Seu objetivo é ganhar esse concurso imaginário. Sua meta é ser considerado o funcionário que mais trabalha na companhia. Vencer essa suposta competição vai ajudá-lo a ganhar mais e a ser promovido mais rapidamente do que qualquer outra meta que você alcance. E essa competição acontece todos os dias, mesmo que ninguém tenha lhe dito nada sobre ela.

Quando um colega quiser bater papo ou tentar distraí-lo da tarefa que você está fazendo, seja educado, mas firme. Diga que está muito ocupado no momento. Pergunte se podem deixar a conversa para mais tarde, sorria e avise que precisa voltar ao trabalho.

Pare de adiar as tarefas que precisam ser realizadas, mantenha-se concentrado no seu trabalho e torne-se uma das pessoas mais produtivas da companhia. Todos vão perceber isso.

COLOQUE SUAS HABILIDADES EM PRÁTICA

Hoje, tome a decisão de que você vai se tornar a pessoa que mais trabalha na sua empresa. Reorganize sua agenda, chegue uma hora antes de todos e comece a produzir imediatamente. Não comente o que está fazendo com ninguém. As pessoas que mais importam para você logo irão perceber a mudança.

Seja produtivo durante todo o período em que estiver no trabalho. Reduza os intervalos para o café e o horário de almoço e evite perder tempo com papo furado. Em vez disso, use esses momentos para trabalhar mais. Chegue uma hora mais cedo e fique uma hora além do expediente para adiantar suas tarefas. Logo você estará produzindo duas ou três vezes mais do que as outras pessoas à sua volta.

CAPÍTULO 7

Seja sempre o primeiro

> O homem foi criado como um ser que deve melhorar constantemente, alguém que, assim que alcança um objetivo, define outro ainda mais difícil.
>
> RALPH RANSOM

O fato é que a própria vida é uma competição. Queira ou não, você está competindo com todo mundo que quer ganhar mais e ser promovido primeiro. A corrida começou e você está participando dela. Sua função é se destacar e descobrir como progredir mais rapidamente do que os outros que estão ao seu redor.

Felizmente, existem maneiras testadas e comprovadas de progredir e manter-se em primeiro lugar. Uma dessas estratégias mais importantes é pedir constantemente que lhe deleguem mais responsabilidades. Ofereça-se para fazer todas as tarefas propostas. Fale com seu chefe pelo menos uma vez por semana e pergunte se há mais alguma coisa que você possa fazer.

Nas reuniões de equipe, as pessoas sempre apresentam sugestões sobre coisas que devem ou podem ser feitas para resolver problemas ou alcançar metas da companhia mais depressa. Toda vez que seu chefe se comprometer a colocar em prática uma dessas ideias, você deve se oferecer para assumir a tarefa adicional. Mostre que ele pode contar com você e dedique-se à nova atribuição com muita garra.

As pessoas, em geral, não pensam nessa estratégia tão simples. Fazem apenas o que lhe pedem, quando pedem. Elas até se consideram espertas por conseguir se esforçar o mínimo possível. Mas você deve fazer exatamente o oposto. Peça sempre que lhe deem mais trabalho e mais responsabilidades. Depois cumpra as tarefas, com diligência e confiança.

Não perca tempo achando que estão se aproveitando de você. Ao pedir cada vez mais atribuições, você está, na verdade, tirando proveito da organização em que trabalha e do seu chefe, pois está aumentando seu conhecimento e sua capacidade, além de ampliar suas chances de conseguir bons resultados. Você está construindo uma reputação melhor, tornando-se um funcionário cada vez mais valioso para a companhia. Isso sempre beneficiará sua carreira, tanto a curto quanto a longo prazo.

Poucas estratégias são tão eficazes para ajudá-lo a obter uma remuneração maior e ser promovido mais rapidamente do que ser reconhecido por fazer mais do que qualquer outro funcionário. Não importa o esforço ou o sacrifício que você precise fazer, trate cada uma das suas atribuições como se fosse um teste do qual a sua futura carreira depende, e então comece a trabalhar para concluí-lo com eficiência e rapidez.

COLOQUE SUAS HABILIDADES EM PRÁTICA

Procure se tornar cada vez mais útil e admirado, oferecendo-se para fazer tarefas que são importantes para seu chefe. Converse com ele sempre que puder e pergunte se há algo que você possa fazer para ajudá-lo, não importa o quê. Você ficará surpreso com as oportunidades que terá para aumentar seu valor na empresa.

Ofereça-se para ajudar quando algo precisar ser realizado, mesmo que isso signifique trabalho extra. Como mais ninguém se dispõe a fazê-lo, você vai se destacar quase imediatamente. Então, seja qual for a tarefa, execute-a sem demora, volte a falar com seu chefe e peça que ele lhe atribua mais responsabilidades.

CAPÍTULO 8

Seja bem claro ao dizer o que quer

> As pessoas que se dão bem neste mundo são aquelas que vão em busca das circunstâncias que querem e, se não conseguem encontrá-las, as criam.
>
> George Bernard Shaw

Dizer o que você quer é um dos princípios do sucesso. É uma das atitudes mais importantes que você pode tomar para ganhar mais do que está ganhando atualmente. O futuro pertence àqueles que têm coragem de pedir, e não aos que se recolhem e simplesmente esperam que as coisas melhorem. Se não conseguem logo o que querem, continuam insistindo, até conseguir.

Peça a opinião de seu chefe em relação ao que você precisa fazer para merecer um aumento de salário. Não vale a pena se matar de trabalhar se não souber exatamente de que forma deve proceder para progredir na carreira. Clareza é essencial. Tente agendar uma conversa com seu superior e pergunte isso quantas vezes for necessário, até que não lhe restem dúvidas sobre a forma como deve agir.

Se você acha que merece ganhar mais, deve pedir e argumentar. O aumento não vai simplesmente cair do céu. A melhor maneira de pedir mais dinheiro é fazer como um advogado faria para defender um cliente: apresente seus argumentos e especifique quanto você quer ganhar. Coloque tudo no papel, como uma proposta de negócios. Em vez de dizer que você precisa de um salário maior, como a maioria das pessoas faz, sua estratégia tem que ser diferente. Faça uma lista das tarefas que você está executando e relate também a experiência e o conhecimento que adquiriu desde seu último aumento. Explique o impacto financeiro do seu trabalho no desempenho geral da companhia e sua contribuição.

Você deve expor todas essas informações para o seu chefe, como se fosse uma apresentação de vendas. Diga a ele que, com base na comprovação do seu desempenho, você gostaria de ganhar um aumento. Em alguns casos, você alcançará seu objetivo simplesmente por ter feito o pedido de uma maneira inteligente. No entanto, pode ser que você receba menos do que pediu. Se isso acontecer, pergunte o que deve fazer no futuro para obter o restante do que solicitou. Como você pode se tornar mais valioso?

Trate seu pedido de aumento como se fosse uma negociação importante, com consequências a longo prazo, porque é isso mesmo que ele é. Marque uma reunião com seu chefe com antecedência. Certifique-se de que o dia e o horário combinados são adequados e que vocês poderão conversar com calma. Às vezes é melhor agendar esse tipo de reunião para o fim do dia, quando as coisas já se acalmaram e vocês não serão interrompidos. Fique calmo, relaxado e otimista. Aí, sim, peça o que você quer com confiança, coragem e uma expectativa positiva.

Se o seu pedido de aumento for negado, continue calmo e positivo. Pergunte o que exatamente você deverá fazer para que no futuro consiga obter o aumento desejado. Seja claro e objetivo. Não tenha medo de perguntar.

Você deve pedir o aumento de maneira educada e cordial. Fale com entusiasmo e de forma amigável. Mostre-se animado. Seu pedido deve transmitir esperança e confiança. Seja persistente, se necessário, mas não deixe de pedir. Quanto mais você solicitar as coisas que quer, mais chances terá de consegui-las. Tente aplicar essa estratégia a cada oportunidade que surgir e ficará surpreso com as coisas boas que vão lhe acontecer.

COLOQUE SUAS HABILIDADES EM PRÁTICA

Descubra qual é o seu valor real em relação à contribuição que dá à empresa e pesquise quanto ganham os profissionais que têm essa mesma função tanto na companhia em que trabalha como em outras. Ligue para agências de emprego e procure saber a remuneração que um profissional como você recebe no mercado de trabalho atual. Leia os anúncios nos jornais e veja qual o salário oferecido para empregos similares ao seu.

Coloque essas informações no papel e mostre a seu chefe quanto você está contribuindo, seja com lucros adicionais, redução de custos, produtividade ou melhor desempenho. Explique como sua vasta experiência e seu treinamento adicional o tornam um funcionário mais valioso. Compare seu salário atual com o que a companhia teria que gastar para contratar e treinar alguém para desempenhar a mesma função. Seja claro e direto em relação a quanto você quer ganhar e, depois, peça o aumento.

CAPÍTULO 9

Cuide da sua integridade como algo sagrado

Cada semente de bondade finalmente conseguirá lutar para florescer e frutificar. O verdadeiro sucesso vem após cada passo certo.

ORISON SWETT MARDEN

Todo negócio bem-sucedido se baseia na confiança. Os relacionamentos com clientes, fornecedores, funcionários e parceiros são fundamentados na confiança das pessoas que sabem que você fará o que disse que faria. Theodore Leavitt, reitor da Harvard Business School, certa vez declarou: "O maior bem de uma empresa é a sua reputação, a imagem que ela tem e como é conhecida por seus clientes."

Da mesma maneira, seu caráter e sua reputação talvez sejam os bens mais valiosos da sua carreira. Ser reconhecido como uma pessoa íntegra e honesta é o fator crucial que pode determinar se você deve ou não receber um aumento ou ocupar um cargo de maior responsabilidade.

Tratar os outros com honestidade é o traço de caráter mais importante que existe. Você deve sempre dizer a verdade, em qualquer situação, aconteça o que acontecer. Quando der sua palavra, faça aquilo com que se comprometeu. Ao fazer uma promessa, cumpra-a. Quando disser que vai fazer algo – não importa o grau de dificuldade ou de inconveniência da tarefa –, faça-o de fato.

O segundo traço de caráter mais importante é a confiabilidade. Poucas qualidades são tão valorizadas e respeitadas no mundo dos negócios e na vida quanto a confiabilidade de uma pessoa que diz que estará em algum lugar ou fará alguma coisa. Qualquer sacrifício ou incômodo vale a pena, desde que você consiga cumprir o que prometeu. Isso é essencial para que você se torne o tipo de pessoa em quem se pode confiar plenamente.

A lealdade é o terceiro traço de caráter mais importante. Mostrar-se desleal é um dos maiores motivos de fracasso e baixo rendimento nos negócios e na vida. Se você é verdadeiramente leal, não deve reclamar com os outros sobre sua empresa ou seu chefe. Em vez disso, se de fato estiver insatisfeito ou chateado por algum motivo, manifeste seus sentimentos de forma direta e objetiva. Fale apenas com a pessoa envolvida e resolva o assunto. Assuma a responsabilidade e aja.

Não condene nem critique a empresa em que trabalha, seus produtos ou serviços, ou qualquer outra coisa relacionada ao seu dia a dia profissional. Se você não quer fazer nada para solucionar o problema, não comente sobre ele com ninguém. Sempre apoie as pessoas com quem e para quem trabalha. Demonstre e expresse lealdade absoluta àquele que assina seu contracheque. Se por algum motivo não conseguir fazer isso, deve procurar outro lugar onde se sinta satisfeito.

Você se mantém fiel a si mesmo ao escutar sua voz interior e confiar na sua consciência. Portanto, seja honesto com todos ao seu redor. Paute sua vida pela verdade, dizendo e fazendo apenas o que sabe que é honesto e sincero. Jamais comprometa sua integridade.

A boa notícia é que, quando você leva uma vida íntegra, sente-se bem consigo mesmo. Tem mais autoconfiança e sua autoestima é inabalável. Sente-se positivo e poderoso. E, principalmente, ganha o respeito, a lealdade e a confiança das pessoas à sua volta. Cuide sempre da sua integridade como algo sagrado.

COLOQUE SUAS HABILIDADES EM PRÁTICA

Sempre que se comprometer a fazer algo, cumpra sua palavra, mesmo que não sinta vontade ou que seja inconveniente. Sua reputação deve ser a de uma pessoa absolutamente confiável, tanto nos negócios quanto na vida pessoal.

Aja sempre de maneira correta e honesta em relação a seus compromissos. Seja pontual e conclua suas tarefas no prazo combinado. Se, por algum motivo, não puder cumprir um prazo, certifique-se de que todos os envolvidos no projeto sejam avisados com bastante antecedência.

CAPÍTULO 10

Pense no futuro

Visualize o que você quer. Veja, sinta e acredite nesse desejo. Mentalize seu projeto e então comece a construí-lo.

MAXWELL MALTZ

Muitos argumentam que a constatação mais importante acerca do comportamento humano e do destino do indivíduo talvez seja o fato de que a pessoa se transforma naquilo em que pensa a maior parte do tempo.

Seus pensamentos mais frequentes influenciam o que você diz, o modo como toma decisões e age, os resultados que alcança e tudo o que acontece em sua vida. Você sempre tende a seguir na direção de seus sonhos e aspirações predominantes. Quanto mais pensa, fala e imagina alguma coisa, maior será o impacto que isso terá nos seus sentimentos e nas suas ações e mais rapidamente você atrairá o que quer.

Pessoas bem-sucedidas de todas as classes e de todos os estilos de vida pensam e falam sobre o que querem a maior parte do tempo. Elas agem assim com relação ao futuro e ao que devem fazer para torná-lo realidade. Também falam e pensam no rumo que estão seguindo e como podem chegar lá mais depressa. Essa atitude permite a elas identificar possibilidades e novos caminhos para atingir seus objetivos mais rapidamente.

Desenvolver o hábito de orientar o futuro requer que você crie uma visão a longo prazo para sua vida pessoal e sua carreira, uma atitude que terá um impacto enorme no grau do seu sucesso.

Depois de mais de 50 anos de pesquisa, o Dr. Edward Banfield, da Universidade de Harvard, concluiu que os homens e mulheres mais bem-sucedidos são os que se empenham em manter "uma perspectiva de longo prazo", pensando 10 ou 20 anos à frente e tomando suas decisões diárias com base nesse horizonte mais amplo. Essa é uma estratégia muito útil que você também pode adotar.

Quando se trata de programar o futuro, "idealização" é a palavra mais importante. O processo de idealização requer que você imagine o tempo todo como será sua futura carreira ideal. Pense regularmente em como estará daqui a três ou cinco anos, por exemplo. Visualize que sua vida profissional será como você planejou e que trabalhará com o que gosta, no emprego com que sempre sonhou.

Se tivesse o emprego ideal, como gostaria que ele fosse? Que tipo de trabalho lhe traria satisfação? Quanto ganharia? Com quem e onde trabalharia? Que responsabilidades teria? Deixe que essa imagem o influencie e direcione suas decisões diárias.

Depois de idealizar o emprego perfeito, imagine que tipo de pessoa você precisaria se tornar para conseguir ter e se manter nesse cargo. Que tipo de habilidades precisaria ter? Que novas competências e qualificações específicas precisaria desenvolver?

Pratique a chamada "análise de hiato" no seu trabalho. Veja a diferença entre o lugar onde você está hoje e aquele onde gostaria de estar no futuro. Identifique o hiato que existe entre as duas situações. Qual é a distância?

Que mudanças você deveria fazer agora para diminuir essa distância? Que providências poderia tomar hoje para assumir o controle total sobre seu destino e se preparar para o emprego que realmente quer? Como disse o mestre da administração Peter Drucker: "A melhor maneira de prever o futuro é criá-lo."

Quanto mais você desenvolve uma visão clara de onde quer estar nos próximos anos, maior é a probabilidade de que tome as providências necessárias para alcançar esse objetivo e transformar sua visão em realidade.

Pense também no futuro da sua empresa. Reflita sobre o rumo que ela está seguindo e do que ela precisa para se tornar bem-sucedida e lucrativa. Pense no que você pode fazer para ajudar a organização a chegar aonde quer.

Quanto mais você se concentrar no futuro, maior será a sua contribuição. Quanto mais cooperar para que a sua empresa alcance os objetivos de longo prazo, maior será o seu salário e mais rapidamente você será promovido. Quanto mais focado no futuro estiver, mais apto a tomar decisões estará e mais efetiva será sua atuação nas operações da companhia. Assim, você vai sentir que tem mais controle da sua vida, da sua carreira e do seu destino.

COLOQUE SUAS HABILIDADES EM PRÁTICA

Em uma folha de papel, descreva o emprego, a vida e a carreira que você consideraria perfeitos num futuro distante. Deixe sua imaginação voar livremente. Visualize que um executivo bem-sucedido vai pegar essa lista e lhe oferecer o emprego que você descreveu, portanto defina-o da maneira mais clara possível.

Preste atenção no que você está fazendo hoje. Compare sua situação atual, o conhecimento e as habilidades que possui com o que você gostaria de fazer no futuro. Em seguida, comece a implementar as mudanças necessárias para criar o futuro perfeito.

CAPÍTULO 11

Concentre-se nas suas metas

> Pessoas com objetivos definidos são bem-sucedidas porque sabem exatamente para onde estão indo.
>
> EARL NIGHTINGALE

É provável que "clareza" seja a palavra mais importante para quem deseja ser bem-sucedido tanto na carreira quanto na vida pessoal. Você precisa ser bem claro sobre quem é, sobre aquilo em que acredita, em que áreas é (ou poderia ser) realmente muito bom e que objetivos quer alcançar.

Pessoas que têm metas claras e que sabem exatamente o que desejam e aonde pretendem chegar em cada área da vida conseguem atingir seus objetivos com mais frequência do que as que são inseguras ou vagas em relação ao que querem. Segundo Michael Eisner, ex-presidente da Walt Disney Company, "a pessoa mais decidida e de opiniões firmes costuma sair ganhando".

Tornar-se alguém extremamente focado em seus objetivos talvez seja a maneira mais eficaz de ser promovido depressa.

Determinar as metas e alcançá-las deve ser sua principal competência. Por sorte, todas as habilidades do mundo dos negócios podem ser aprendidas, logo essa é mais uma competência que você pode adquirir rapidamente e depois aprimorá-la, com a prática diária.

Existem diversos meios para se definirem metas. Assistir a seminários ou ler livros sobre esse tema pode ser útil. No entanto, a grande verdade é que qualquer método que você escolha é melhor do que não adotar método algum. Apresento a seguir sete etapas simples mas eficazes que você pode colocar em prática para determinar e alcançar qualquer objetivo.

- **Etapa um: Decida exatamente o que você quer**

Saiba aonde quer chegar na carreira. Defina também qual seria seu salário ideal, o estilo de vida que gostaria de ter, a família que desejaria construir, o estado de saúde, o peso e a forma física que apreciaria ter, bem como as metas que planeja alcançar em qualquer outra área relevante para você. A maioria das pessoas nunca faz isso. Quando sabe exatamente o que quer, você se destaca dos demais.

- **Etapa dois: Tome nota de tudo**

Quando você registra suas metas por escrito, algo incrível acontece. O ato de anotá-las ajuda a gravá-las em seu inconsciente, e assim elas passam a ter um poder próprio, atraindo pessoas e possibilidades para sua vida. Algumas pessoas que conheço começaram a registrar seus objetivos regularmente e depois ficaram surpresas com a velocidade com que conseguiram atingi-los.

- **Etapa três: Estabeleça uma data-limite**

  Se sua meta for muito grande e complexa, estabeleça datas-limite para concluir etapas intermediárias. Se não conseguir cumprir o prazo por algum motivo, marque uma nova data. Seu inconsciente precisa estar condicionado à pressão de um prazo específico a ser cumprido. Quando define metas, você ativa seus poderes inconscientes. Você se sentirá motivado a agir e fazer o que precisa para alcançar seu objetivo no prazo determinado.

- **Etapa quatro: Faça uma lista**

  Anote cada tarefa que precisará completar para alcançar seu objetivo. À medida que pensar em outras atividades, acrescente-as à lista. Continue a desenvolvê-la até que ela esteja completa.

- **Etapa cinco: Organize sua lista e transforme-a em um planejamento**

  Um planejamento não passa de uma lista de atividades organizadas de acordo com a sequência. O que precisa ser feito antes? O que pode ser realizado numa etapa posterior? Qual é a prioridade? O que é menos importante? Definir suas metas e elaborar um planejamento objetivo colocarão você no caminho do sucesso.

- **Etapa seis: Ponha seu plano em prática**

  Faça alguma coisa, seja o que for. Não importa que atividade vai escolher, mas comece a se ocupar. Vá em frente e não adie. Escolha a etapa que lhe parecer mais lógica e entre em ação. É inacreditável a quantidade de planos e objetivos que são descartados por não serem postos em prática. Não deixe que isso aconteça com você.

- **Etapa sete: Todos os dias faça algo que o leve em direção a seu principal objetivo**

  Tome decisões específicas que o direcionem para seu objetivo mais importante. Essa talvez seja a etapa mais crucial a ser cumprida. Ao se empenhar todos os dias, você desenvolve uma dinâmica que o deixará cada vez mais próximo do que deseja. Assim você seguirá cada vez mais rápido em direção a seu objetivo, ao mesmo tempo que ele também se moverá cada vez mais rápido em sua direção.

Quanto mais consciente dos seus objetivos profissionais você for, mais centrado será na vida em geral. Quanto mais direcionado for, menos tempo vai perder e mais conseguirá realizar. Quanto mais você realizar, mais valioso será para sua empresa.

Quando aprender a se concentrar nos objetivos, você se destacará das pessoas ao seu redor. Assim conseguirá atrair mais oportunidades de novas atribuições e responsabilidades. Ao se tornar uma pessoa focada nos seus objetivos, você ganhará mais e será promovido mais rapidamente.

COLOQUE SUAS HABILIDADES EM PRÁTICA

Em uma folha de papel, anote 10 metas que você gostaria de alcançar nos próximos 12 meses. Escreva-as no presente ("Eu ganho R$ XXX por mês"), exatamente como se um ano já houvesse transcorrido e suas metas tivessem sido alcançadas.

Das que você listou, escolha aquela que poderia ter tido o impacto mais positivo na sua vida e na sua carreira. Registre-a em outra folha, defina um prazo para ela e elabore um planejamento por escrito para alcançá-la. Ponha-o em ação e estipule uma tarefa que você pode realizar todo dia para chegar cada vez mais perto do seu objetivo. Esse poderoso exercício de projeção de metas pode ser o suficiente para mudar sua vida.

CAPÍTULO 12

Concentre-se nos resultados

> O primeiro requisito para o sucesso é ter a habilidade de canalizar incessantemente suas energias físicas e mentais para resolver um problema ou alcançar um objetivo.
>
> THOMAS EDISON

Sua habilidade de alcançar resultados é o principal fator determinante da sua remuneração e da rapidez com que você é promovido. Resultados satisfatórios são o principal motor do mundo dos negócios. Diversas pesquisas mostram que, até dois anos depois de terminar o ensino médio ou concluir a faculdade, o seu grau de escolaridade tem pouco ou nenhum impacto na construção de sua vida profissional. A partir daí, tudo o que importa é a sua habilidade de desempenhar uma tarefa e de obter resultados positivos para sua empresa.

Muitas pessoas começam a trabalhar bem antes de concluir os estudos e adquirir conhecimento profissional, mas como o foco delas está na obtenção de resultados, conseguem chegar bem mais longe do que outras que começam a vida profissional com mais instrução. Essa é uma estratégia que você também pode adotar.

Para se tornar uma pessoa mais focada nos resultados, faça a si mesmo estas três perguntas ao longo do dia:

1. Quais são as minhas atividades mais valiosas?
   O que você faz que mais valoriza seu trabalho e sua empresa? É nisso que você deve concentrar o máximo do seu tempo e da sua energia. Se não tem certeza da resposta, pergunte a seu chefe.

2. O que é que apenas eu faço e que, se for bem executado, fará uma grande diferença para a organização?
   Essa é uma das melhores perguntas que você pode fazer a si mesmo para garantir que seu foco esteja realmente direcionado aos resultados. A resposta será o trabalho ou a tarefa que só você é capaz de realizar. Se não a fizer, ninguém mais a fará. Seja qual for sua resposta, comece a se dedicar a essa tarefa específica imediatamente.

3. Qual é a melhor maneira de utilizar meu tempo agora?
   Você deve se dedicar à única atividade que representa a melhor utilização do seu tempo naquele momento. Isso ajudará a aumentar sua produtividade, seu desempenho e seu rendimento mais do que qualquer outra atividade. Concluir essa tarefa permitirá que você ofereça uma contribuição maior e mais importante do que executar qualquer outra.

Os melhores dias da sua vida profissional serão aqueles em que você estiver se dedicando às tarefas que o seu chefe considera prioritárias e mais produtivas. Não existe melhor maneira de ganhar mais e ser promovido com mais rapidez do que se dedicar integralmente ao que mais preocupa ou interessa seu chefe.

A boa notícia é que, quanto mais eficiente você for no cumprimento de suas tarefas, maior será a quantidade de atribuições importantes que receberá. Quanto mais resultados positivos gerar, maiores serão as responsabilidades confiadas a você. Quanto mais contribuir, maior será sua remuneração e mais depressa será promovido.

COLOQUE SUAS HABILIDADES EM PRÁTICA

Faça uma lista de todas as tarefas que você foi contratado para fazer. Certifique-se de estabelecer a diferença entre atividades e realizações, entre a contribuição que você oferece e o que é pré-requisito do seu cargo. Depois, organize a sua lista de acordo com as prioridades.

Submeta a listagem a seu chefe. Peça que ele determine suas atribuições de acordo com as prioridades dele. Quais são as tarefas mais importantes pelas quais ele o considera responsável? Quais são suas atividades mais produtivas?

Seja qual for a resposta, a partir desse momento, passe a trabalhar todo dia, a cada hora, exatamente nas tarefas que ele assinalou como as de maior valor agregado. Isso vai impulsionar sua carreira mais que qualquer outra coisa que você possa fazer.

CAPÍTULO 13

Seja um solucionador de problemas

O poder que é inerente ao homem é novo em sua natureza e ninguém, a não ser ele mesmo, sabe o que pode fazer até que o tenha experimentado.

RALPH WALDO EMERSON

Na vida, problemas são acontecimentos normais, naturais e inevitáveis. Seu trabalho será uma contínua sucessão de problemas, como as ondas que vêm e vão no oceano, uma seguida de outra.

Você enfrentará um problema após outro o dia inteiro, até o fim do expediente. Eles nunca terminam, só mudam em relação ao tamanho e à importância.

O que você pode controlar é a sua atitude, a maneira como lida com cada um deles, à medida que vão surgindo. Infelizmente, a maioria das pessoas se deixa dominar por eles. Pensam e falam constantemente sobre quem deve ser o culpado, por que tal problema ocorreu e o possível prejuízo que causará. Em vez de agir assim, você deve se concentrar em encontrar uma solução e canalizar as energias para o que pode ser feito, seja o que for.

Os solucionadores de problemas são as pessoas mais valorizadas em qualquer empresa. Além de serem positivas e construtivas, elas se concentram no que é possível fazer, em vez de pensar no que já aconteceu e não pode ser modificado.

Você conseguirá mudar sua atitude e, em um minuto, deixar de ser negativo e assumir uma postura mais construtiva simplesmente desligando seu pensamento do problema e passando a se concentrar na solução. Em vez de se preocupar em achar um culpado, é mais útil pensar numa maneira de resolver a questão.

Sua mente funciona de tal forma que, quanto mais você se concentra em procurar a saída para um problema, mais soluções conseguirá encontrar. Quanto mais pensar e falar nelas, mais depressa e facilmente conseguirá encontrar a melhor opção. Na verdade, você se tornará mais criativo e competente para lidar com dificuldades, alcançar metas e atingir resultados importantes à medida que se disciplinar e se concentrar mais nas atitudes positivas e construtivas que pode adotar.

Nos negócios, assim como na vida, quanto melhor você se tornar em resolver problemas, mais complicadas serão as questões que lhe darão para resolver. Quanto maiores e custosos forem os problemas que solucionar, mais você ganhará, mais poder terá e mais altos cargos alcançará. O ex-general Colin Powell certa vez declarou: "Liderança é a capacidade de resolver problemas."

O sucesso da sua carreira será determinado pela capacidade que você tem de resolver os problemas que surgem. Quando mostrar que pode solucionar as questões atuais, será promovido para lidar com outras de maior complexidade e importância.

Seja uma pessoa que se concentra em achar soluções, tanto na vida pessoal quanto no trabalho, alguém que sempre é solicitado por causa de suas boas ideias. Quanto mais se concentrar nas soluções, mais pensará de maneira eficaz e melhores saídas encontrará. Ao se tornar alguém completamente voltado a encontrar soluções, você impulsionará sua vida pessoal e sua carreira, aumentando as chances de ganhar mais e ser promovido mais rapidamente.

COLOQUE SUAS HABILIDADES EM PRÁTICA

Todos os dias, pergunte a si mesmo: "O que estou tentando fazer? Como? Existe uma maneira melhor de fazer isso?"

Qual é o fator determinante da eficiência com que você alcança sua meta mais desafiadora ou obtém seu resultado mais importante? Que problema, se resolvido por você, o ajudaria a progredir mais rapidamente na carreira?

Registre por escrito o problema principal hoje, em forma de pergunta, e em seguida esforce-se para fornecer no mínimo 20 respostas a essa pergunta. Escolha uma delas e aja imediatamente. Depois, pense em soluções para o restante da sua carreira.

CAPÍTULO 14

Libere sua criatividade inata

> O homem que descobrir a maneira de produzir praticamente qualquer coisa com mais eficiência, mais rapidez ou de forma mais econômica terá o futuro e a fortuna a seus pés.
>
> J. Paul Getty

A capacidade de ter ideias novas e criar produtos inovadores pode ser mais importante do que qualquer outra habilidade que você desenvolva. Muitas pessoas mudaram suas vidas completamente com uma simples ideia que levou a uma grande inovação no mercado ou a uma redução de custos significativa em algo já existente. Você sempre deve usar a criatividade para encontrar maneiras mais rápidas, mais baratas e mais fáceis de fazer o seu trabalho e obter resultados melhores.

O que se sabe é que, com base em todo o conhecimento disponível sobre a capacidade de aprendizado e as inteligências múltiplas, você é um gênio em potencial. A inteligência e a criatividade que você tem são mais do que necessárias para conquistar seus objetivos. Mas a criatividade é como a musculatura: se você não a usa, ela atrofia. Entretanto, se utilizar suas capacidades mentais, elas se tornarão cada vez mais afiadas. Quanto mais exercitar a mente para gerar ideias, mais criativo se tornará.

As pessoas mais bem-sucedidas em cada profissão são as que estão sempre buscando ideias e maneiras novas e melhores de alcançar os objetivos da empresa. Todo mundo é inteligente e capaz ao seu modo. Ninguém é melhor do que você. O que realmente importa é como – e com que frequência – você usa seu potencial criativo na vida pessoal e no trabalho.

Para se tornar mais criativo, você pode fazer diversas coisas que o estimulem a ter ideias. Comece lendo livros, revistas e boletins informativos do seu setor. Converse com pessoas da sua área e de outros campos de atuação. Informe-se sobre os diferentes mercados de trabalho e segmentos e tente imaginar como os métodos de vendas, produção e distribuição poderiam ser aplicados no seu dia a dia. Procure sempre encontrar ideias novas, mesmo que pouco comuns, que você possa adaptar para ajudar a empresa a ser mais rentável.

Existe uma relação direta entre criatividade e sucesso. Quanto mais ideias você tiver para incrementar o funcionamento da sua empresa, maior será seu salário e mais rapidamente você será promovido. Basta uma boa ideia para mudar o rumo da sua carreira.

COLOQUE SUAS HABILIDADES EM PRÁTICA

Desbloqueie seu poder criativo usando-o constantemente, tanto na vida pessoal quanto na profissional. A palavra-chave para o pensamento criativo é *clareza*. Para ter mais e melhores ideias, você precisa ter absoluta clareza em três áreas: metas, problemas e perguntas.

Não tenha dúvidas quanto às metas que mais deseja alcançar nos campos pessoal e profissional. Registre-as por escrito.

Descubra quais são os problemas mais urgentes na sua vida privada e na sua carreira. Defina-os com clareza.

Faça perguntas incisivas que o forcem a pensar em alternativas fora do comum. Acima de tudo, ponha seus pensamentos no papel, pois isso irá forçá-lo a se concentrar e liberar seu gênio interior.

CAPÍTULO 15

Sempre ponha as pessoas em primeiro lugar

Não existe nada que tenha mais valor do que o trabalho humano. Trabalhar em prol do bem comum é a maior demonstração de fé que há.

Albert Schweitzer

Nos negócios e na vida pessoal, as pessoas são o que há de mais importante. Até onde você pode chegar, o ritmo com que é promovido e sua remuneração serão muito influenciados pelo número de pessoas que você conhece e que gostam de você. Quanto mais querido e respeitado você for, mais portas se abrirão e menos obstáculos se colocarão em seu caminho.

Para dar prioridade às pessoas acima de todos os aspectos, basta pôr em prática a regra de ouro em tudo o que fizer, tratando todos como gostaria de ser tratado. Sempre que tiver uma oportunidade, ofereça-se para ajudar alguém em suas tarefas. Seja gentil, educado e prestativo no trato com os colegas.

A lei da reciprocidade é a maior força que rege as relações humanas. É ela que faz com que nos esforcemos para recompensar quem faz algo por nós (ou para nós). É como a Lei da Semeadura e da Colheita, citada na Bíblia, ou a terceira lei de Newton: a cada ação corresponde uma reação igual e contrária, princípio que governa a maioria das relações humanas.

Para aplicá-lo à sua carreira, empenhe-se em encontrar maneiras de ajudar os outros, seja dentro ou fora da empresa em que trabalha. Aproveite todas as oportunidades de ampliar sua rede de contatos. Filie-se à associação empresarial local e participe de reuniões e eventos relacionados à sua área de atuação. Apresente-se às outras pessoas e pergunte o que elas fazem. Formule perguntas inteligentes e preste atenção às respostas. Procure maneiras de ajudar os outros a alcançar os objetivos profissionais que desejam.

No trabalho, seja cordial, prestativo e alegre. Expresse sua gratidão sempre que possível. Diga "obrigado" a qualquer um que faça algo por você, não importa o que seja. Lembre-se de elogiar as pessoas por suas características ou por seus feitos. Como disse Abraham Lincoln certa vez: "Todo mundo gosta de um elogio."

Lide com cada pessoa com quem trabalha como se ela fosse o cliente mais importante para seu negócio. Trate seu chefe e os colegas de trabalho com respeito, reconhecendo sua importância e seu valor. Se você faz os outros se sentirem importantes, eles vão aproveitar cada oportunidade de fazer com que você também se sinta assim.

Quando você é querido e admirado pelas pessoas ao seu redor, muitas oportunidades surgem para que você ganhe mais e seja promovido mais rapidamente.

COLOQUE SUAS HABILIDADES EM PRÁTICA

Faça uma lista de todas as pessoas importantes na sua vida profissional, tanto as que trabalham na sua empresa quanto as de fora. Analise-a e pense em como vocês poderiam se beneficiar desse relacionamento.

Pense em como você poderia ajudar os outros. Pratique a lei da reciprocidade e seja um doador em vez de um aproveitador. Procure maneiras de somar algo ao relacionamento, antes de pensar em extrair alguma coisa dele.

CAPÍTULO 16

Invista constantemente em você

Deixe-me olhar para os galhos do carvalho e entender que ele cresceu e se tornou grande e resistente porque se desenvolveu devagar e bem.

WILFRED A. PETERSON

Procure se dedicar ao aprendizado constante. Destaque-se da multidão aprendendo e evoluindo mais rapidamente do que qualquer outro funcionário da empresa em que esteja trabalhando. Essa atitude pode lhe proporcionar uma grande vantagem competitiva ao longo de sua carreira.

A maior parte do seu conhecimento e de suas habilidades atuais pode se manter útil mais ou menos por dois anos e meio. Isso quer dizer que, daqui a cinco anos, quase tudo o que você sabe hoje sobre o seu ramo estará obsoleto ou não terá nenhuma aplicação prática. Para sobreviver e ser bem-sucedido neste mundo de mudanças constantes, você vai precisar se reciclar regularmente, aprimorando suas capacidades e desenvolvendo outras novas, num ritmo cada vez mais rápido. Para conseguir se manter no mesmo nível, você precisará criar uma rotina de aprendizado intenso. Para progredir, é necessário intensificar ainda mais o estudo e a prática.

Entre os profissionais mais bem remunerados, 10% dedicam duas a três horas por dia à leitura de textos relacionados a seu mercado de trabalho, apenas para se manterem a par dos acontecimentos. Eles assimilam novas informações constantemente, das mais variadas fontes. A mente deles é como uma esponja, absorvendo informações de jornais, revistas, livros e dos principais programas de rádio e TV. "Se você não passa o tempo todo aprendendo e aprimorando seu conhecimento e suas habilidades, outra pessoa deve estar fazendo isso em algum lugar. E quando a conhecer, você vai sair perdendo."

Nesta era da informação, os principais executivos de cada área percebem que precisam se antecipar às mudanças, caso contrário serão derrubados por elas. A decisão que você tem de tomar hoje é muito simples: você pode ser um agente da mudança ou uma vítima dela. Não há outra opção. Cabe a você, portanto, ser um agente da mudança, aprendendo continuamente a ser cada vez melhor no que faz.

Existem três segredos para uma vida inteira de aprendizado. O primeiro é, sempre que puder, ler textos da sua área profissional pelo menos durante uma hora por dia ou mais. A leitura é para a mente o que os exercícios físicos são para o corpo. Se você mantiver esse hábito diariamente, terá lido um livro inteiro no fim de uma semana. Um livro por semana corresponde a cerca de 50 obras por ano, que totalizam 500 livros ao longo dos próximos 10 anos. Esse costume irá transformá-lo em uma das pessoas mais bem informadas e bem pagas no seu ramo em muito pouco tempo.

O segundo segredo para o aprendizado contínuo é ter o hábito de escutar audiolivros no carro enquanto se desloca de um lugar para outro. Usuários de automóveis costumam passar entre 500 e 1.000 horas por ano ao volante. Isso representa de três a seis meses de 40 horas de trabalho semanais gastos dentro do carro – ou o equivalente a um ou dois semestres completos numa universidade. Você pode se tornar uma das pessoas mais bem informadas na sua área ao optar por escutar programas de áudio educacionais no carro, em vez de música.

O terceiro segredo é participar de todos os cursos e seminários que puder. As pessoas mais bem pagas que conheço chegam a cruzar o país para poder assistir, durante dois ou três dias, a seminários e palestras que possam ajudá-las nas suas atividades profissionais. Um bom livro, um audiolivro ou um seminário irão lhe fornecer ideias e discernimento que podem fazer com que você economize anos e anos de trabalho duro.

Tenha fome de conhecimento. Procure por ele em todos os cantos. Absorva-o como uma esponja. Seu desenvolvimento pessoal e profissional contínuo vai aprimorar ainda mais suas potencialidades e abrir todas as portas para você. Nada pode ajudá-lo a ganhar mais e ser promovido mais rapidamente do que se tornar uma das pessoas mais competentes e instruídas no seu ramo de atuação. E o aprendizado contínuo é o segredo.

COLOQUE SUAS HABILIDADES EM PRÁTICA

Comece agora mesmo um programa de leitura diária. Que tal se deitar mais cedo e levantar duas horas antes de sair para o trabalho? Assim, você pode investir a primeira hora do dia no aprimoramento do seu aprendizado. Esse compromisso de ler algo educativo ou motivacional ditará o clima do resto do dia e mudará a sua vida.

Outra ótima opção é transformar seu carro em uma "universidade sobre rodas". Sempre que for usá-lo, leve um audiolivro para escutar ao longo do trajeto. Transformar o tempo ao volante em um período dedicado aos estudos é uma excelente maneira de economizar tempo e dinheiro e de se aperfeiçoar.

CAPÍTULO 17

Comprometa-se com a excelência

O sucesso que você terá será determinado mais por seu comprometimento com a excelência do que por qualquer outro fator, não importa qual seja sua área de atuação.

VINCE LOMBARDI

Seja o melhor no que você fizer e esteja sempre entre os melhores profissionais na sua área de atuação. Olhe em volta para as pessoas que mais se destacam e lembre-se de que elas provavelmente começaram de baixo e foram evoluindo. Se elas conseguiram chegar aonde estão hoje, você também vai conseguir. A questão não é alguém ser mais inteligente ou mais eficiente que você. Se hoje alguém está numa posição superior à sua, é porque faz algo diferente de você. E seja o que for que essa pessoa tenha conseguido alcançar, desde que dentro do limite do razoável, você também pode chegar lá, só precisa aprender como.

O ponto de partida para se tornar um dos profissionais mais competentes no seu ramo é ter a capacidade de identificar suas áreas estratégicas. É justamente nelas que você precisa fazer um excelente trabalho para alcançar os resultados esperados, por meio dos quais seu chefe irá julgar seu sucesso.

Um cargo raramente compreende mais do que cinco a sete áreas-chave nas quais se esperam resultados significativos. A sua capacidade de fazer um trabalho excelente em cada uma dessas áreas é um fator determinante para a avaliação de seu desempenho geral. Esses resultados ou essa produtividade determina quanto você vai ganhar e com que rapidez será promovido.

Depois de identificar essas áreas principais, pergunte a si mesmo: "Que habilidade teria o maior impacto positivo na minha carreira se eu me empenhasse em desenvolvê-la e a colocasse em prática de maneira exemplar?"

Essa é uma das perguntas mais importantes que você deve fazer e à qual irá responder ao longo da sua vida profissional. Se no momento você não souber qual é a habilidade que mais pode ajudá-lo, converse com seu chefe e peça a orientação dele. Consulte também os colegas de trabalho. Não importa o que seja necessário, você precisa determinar qual é a competência que mais poderá auxiliá-lo. Ao descobri-la, empenhe-se em melhorar nessa área, como se o seu futuro dependesse disso – até porque depende mesmo.

Quando tiver certeza de qual é essa capacidade, conquistá-la deve ser uma meta. Registre-a por escrito, faça um planejamento para desenvolvê-la aos poucos e concentre-se em se aprimorar nessa área. Fazer isso diariamente, dedicando-se a uma habilidade de cada vez, é um hábito tão poderoso que pode mudar sua vida.

Realizar um trabalho de qualidade faz toda a diferença. A partir de hoje, concentre-se em se tornar absolutamente brilhante no que faz. Empenhe-se em executar seu trabalho da melhor maneira possível. Ter um desempenho excelente, independentemente da área em que atue, deve ser um princípio. Por isso, em toda a sua vida profissional, nunca se arrisque a comprometê-lo.

COLOQUE SUAS HABILIDADES EM PRÁTICA

Sua vida só avança quando você melhora. Faça uma lista de cada tarefa que você executa, de cada resultado importante que precisa alcançar para a empresa. Avalie os itens que listou, converse sobre eles com outras pessoas e então identifique a principal habilidade que, se você utilizasse extremamente bem, teria o impacto mais positivo na sua carreira.

Desenvolva padrões de desempenho que irão ajudá-lo a avaliar as áreas em que seu chefe espera que você obtenha mais resultados. "O que é avaliado é colocado em prática." Determine os parâmetros que vai utilizar para avaliar como está se saindo em cada aspecto do seu trabalho. Compare o seu desempenho com seus padrões regularmente, a fim de acompanhar o progresso que vem fazendo. Esforce-se o tempo todo para melhorar cada vez mais.

CAPÍTULO 18

Concentre-se no cliente

> Nenhum homem jamais conseguiu atingir o verdadeiro nível de dignidade até ter descoberto que é melhor servir a outra pessoa do que a si mesmo.
>
> WOODROW WILSON

Estamos vivendo a "era do cliente". Hoje sabemos que o propósito de qualquer negócio é criar e manter a clientela. Portanto, para que uma empresa seja bem-sucedida, ela precisa concentrar sua atividade em conservar os antigos clientes e conquistar novos. Os lucros de uma companhia resultam da conquista e manutenção de um número suficiente de clientes a um custo razoável.

Lembre-se de que são os clientes que pagam todos os salários e rendimentos. Também são eles que determinam o sucesso ou o fracasso das organizações e de todos na companhia. Sam Walton, fundador do Wal-Mart, certa vez declarou: "Todos temos um chefe, o cliente, e ele pode nos demitir a qualquer momento, simplesmente por decidir fazer suas compras em outro lugar."

Quem são seus clientes, tanto internos quanto externos? Quem são seus principais clientes, as pessoas cujas decisões determinam seu sucesso ou seu fracasso, assim como o da sua empresa?

Você pode entender o cliente como "alguém que depende de você para satisfazer as necessidades dele ou alguém de quem você depende para satisfazer as suas necessidades".

Pensando assim, seu chefe é seu cliente, assim como seus colegas de trabalho e sua equipe. E também, é claro, as pessoas que compram seus produtos e serviços. Todo mundo depende de alguém para algo. Todo mundo é cliente de alguém.

O sucesso que você terá na vida pessoal e na carreira será, portanto, determinado pela maneira como você atende e satisfaz seus clientes. Quanto mais e melhor atendê-los, mais clientes terá.

Há quatro níveis de satisfação do cliente. O nível em que você se encontra hoje é o que determina quão importante e valioso você é para seus clientes e sua empresa.

O primeiro nível é aquele em que você simplesmente *satisfaz* as expectativas do cliente. Esse é o requisito básico para a sobrevivência de um negócio. Se tudo o que você faz é executar o trabalho para o qual foi contratado, ou se só trabalha o número de horas que seu contrato prevê, seu presente pode ser satisfatório, mas seu futuro não é nem um pouco promissor.

O próximo nível é aquele em que você *supera* as expectativas do cliente, indo além do que ele imaginava que receberia de você. Esse nível vai mantê-lo nos negócios por algum tempo, até que a concorrência ofereça o mesmo ou mais para atrair sua clientela e roubá-la de você. E não se iluda: ela conseguirá fazer isso mais rápido do que você imagina.

O patamar seguinte é aquele em que você *encanta* seus clientes, seja agregando ao serviço ou ao produto que oferece algo completamente inesperado e muito valorizado por eles. Pode ser algo tão simples quanto telefonar para o cliente depois de uma compra, a fim de certificar-se de que ele está satisfeito ou responder a qualquer pergunta que ele possa fazer. No seu trabalho, você encanta seu chefe quando demonstra iniciativa e vai além de suas atribuições, fazendo algo surpreendente que ajude a empresa.

O nível mais alto de todos é o quarto, no qual você *impressiona* os clientes. Você faz alguma coisa que está tão além das expectativas que eles querem comprar com você ou contratar seus serviços novamente, então contam aos amigos a experiência positiva que tiveram.

Diariamente, você precisa buscar meios de corresponder às expectativas do cliente, superá-las e ao mesmo tempo encantar e impressionar as pessoas que dependem de você no trabalho. Sua capacidade de servir e satisfazê-los melhor do que qualquer um vai impulsionar sua carreira, permitindo que você ganhe mais e seja promovido mais rapidamente.

COLOQUE SUAS HABILIDADES EM PRÁTICA

Identifique quem são seus clientes mais importantes, tanto os internos quanto os externos. Lembre-se: seu chefe, os colegas de trabalho e a sua equipe também são seus clientes.

Faça um planejamento para aumentar a qualidade e a quantidade do serviço que você presta, de forma que as pessoas tenham mais vontade de apoiá-lo no seu trabalho e ajudá-lo a conquistar seus objetivos.

Identifique quem são os clientes mais importantes fora da empresa, tanto as pessoas que compram o que você vende quanto aquelas cuja cooperação é necessária para que você possa servi-los bem. Saiba exatamente o que pode fazer para melhorar esses relacionamentos e ponha seu plano em prática hoje mesmo.

CAPÍTULO 19

Mantenha o foco nos resultados financeiros

> Homens que realizam grandes feitos são aqueles que acreditam no poder de fazer dinheiro com suas ideias.
>
> CHARLES FILLMORE

Pensar nos lucros é a chave para seu futuro. O foco fortemente voltado para os resultados financeiros é o que levará você a progredir, ter sucesso e conquistar promoções rapidamente. Os melhores profissionais estão sempre pensando sobre o que fazer para aumentar a rentabilidade da empresa em que trabalham. Quanto maior for o impacto da sua contribuição no fluxo de caixa, mais importante você se tornará para a companhia e maior será sua remuneração.

Existem apenas duas maneiras básicas de aumentar a rentabilidade de um negócio: aumentando o faturamento – vendendo mais produtos e serviços já existentes ou desenvolvendo novos produtos, que poderão ser vendidos para mais clientes – ou reduzindo os custos de fornecimento aos clientes atuais. O melhor a fazer é procurar constantemente estratégias para aumentar as vendas e o faturamento e ao mesmo tempo reduzir os custos do fornecimento desses produtos e serviços.

Dia após dia, você deve procurar maneiras de reorganizar, reestruturar e aprimorar seu trabalho, de modo que consiga executá-lo com mais rapidez e gerando menos despesas. Corte tudo o que puder. Verifique se é possível diminuir ainda mais cada um dos custos. Preste atenção a cada atividade e analise se ela pode ser simplificada, reduzida ou até mesmo eliminada a fim de diminuir o tempo e os gastos necessários para que se obtenha o resultado desejado.

As pessoas mais importantes e admiradas são as que estão mais preocupadas com a rentabilidade geral da empresa, como se isso as afetasse pessoalmente. Elas tratam o dinheiro da companhia como se fosse delas e assumem total responsabilidade pelos resultados.

Quando você se destaca tentando aumentar a rentabilidade dc alguma forma, logo passa a atrair a atenção das pessoas que mais podem ajudar sua carreira a progredir. Sua capacidade de incrementar a rentabilidade, seja aumentando os lucros ou cortando custos, é uma das maneiras mais práticas de ganhar mais e ser promovido mais rapidamente.

COLOQUE SUAS HABILIDADES EM PRÁTICA

Comece hoje mesmo a tratar a empresa em que trabalha como se ela fosse sua e como se cada centavo saísse do seu próprio bolso – ou entrasse nele. Trate cada despesa como se ela o afetasse pessoalmente. Encontre pelo menos uma maneira de reduzir os custos ou simplificar as atividades.

As vendas e o fluxo de caixa são a alma de um negócio. Estude atentamente as operações de sua companhia e defina como você poderia otimizá-las. Uma boa ideia pode mudar a sua carreira.

CAPÍTULO 20

Desenvolva seu poder pessoal

> Hoje em dia, ter conhecimento equivale a ter poder. É ele que controla o acesso às oportunidades e promoções.
>
> PETER DRUCKER

O poder é uma parte importante e absolutamente real nos negócios e no dia a dia das organizações. Sua capacidade de adquirir e usar o poder na carreira é essencial para o seu sucesso a longo prazo.

No sentido mais simples da palavra, "poder" significa influência junto às pessoas e aos recursos. Ter poder quer dizer que você tem a capacidade de determinar o que as pessoas devem fazer e quanto dinheiro se pode gastar. Se você o tem, pode tomar decisões ou até mudar o que foi definido pelos outros, pode decidir que rumo seguir ou até impedir que algo seja feito.

Numa empresa, existem tanto o poder positivo quanto o negativo. Quando você ajuda a organização a alcançar mais metas, com mais eficiência e menos custos, é o poder positivo que está exercitando. Por outro lado, quando alguém usa a posição ou influência que tem em benefício próprio, em detrimento de outras pessoas ou da companhia, está recorrendo ao poder negativo.

É possível desenvolver três formas distintas de poder positivo. A primeira é conhecida como "poder de especialista", que você passa a exercer quando consegue alcançar vários resultados importantes para a companhia. Ao aumentar a capacidade de agregar valor aos trabalhos que executa, as pessoas passam a admirá-lo e a respeitá-lo graças à diferença positiva que você faz na organização.

A segunda forma é o "poder pessoal" – ou carisma –, que resulta do apreço e do respeito que os outros têm por você, desejando que seja bem-sucedido. Em toda empresa há pessoas que têm atitudes maravilhosas e exercem uma influência considerável, embora nem sempre ocupem, necessariamente, cargos importantes. Essa forma de poder se baseia mais em uma atitude positiva e construtiva do que em qualquer outro fator.

O "poder do cargo" é o terceiro tipo. Ele está atrelado à função que o profissional desempenha e pressupõe a autoridade para contratar e demitir funcionários, bem como recompensar e punir certos comportamentos.

Na empresa e na carreira, à medida que desenvolve o poder pessoal e o de especialista, que só dependem do seu próprio esforço, você se prepara para conquistar o poder do cargo, que vem com o tempo. As pessoas com quem trabalha e seus superiores vão querer que você seja promovido porque demonstrou que, quanto mais influência tem, mais e melhores resultados traz para a empresa.

Quanto mais poder você adquirir e usar de forma positiva e construtiva, mais poder atrairá. Com isso, mais pessoas vão apoiá-lo e ajudá-lo. Seus superiores lhe darão mais recursos e responsabilidades. Você será mais respeitado e estimado pelos outros. Assim, ganhará mais e será promovido mais rapidamente.

COLOQUE SUAS HABILIDADES EM PRÁTICA

A melhor definição de liderança é a capacidade de ter seguidores. Use a lei do esforço indireto para ganhar poder e exercer influência na sua empresa, sempre buscando maneiras de ajudar a companhia a alcançar suas metas mais importantes. Procure também meios de ajudar outras pessoas a serem bem-sucedidas no trabalho que realizam.

Desenvolva seu poder positivo: quando você usa a sua influência e capacidade para o bem da empresa ou daqueles que trabalham nela, todos vão querer que você seja bem-sucedido e promovido.

CAPÍTULO 21

Faça seu trabalho de maneira rápida e eficiente

Lembre-se de que sua própria decisão de ser bem--sucedido é mais importante do que qualquer outra coisa.

ABRAHAM LINCOLN

A disposição para agir é uma das qualidades mais evidentes e fáceis de se identificar em um profissional competente e altamente produtivo. Esse tipo de pessoa toma a iniciativa e desenvolve um senso de urgência, sem nunca parar de gerar resultados. Sempre age de forma a levar a empresa em direção às suas metas mais importantes e faz isso rapidamente.

Desenvolva uma predisposição para a ação, não perca tempo e seja eficiente em tudo o que faz. Decida o que precisa ser feito e, em seguida, faça. Não adie seus planos.

A boa notícia é que, quanto mais rápido agir, mais conseguirá fazer. Quanto mais conseguir fazer, mais experiência e competência você terá. Quanto mais eficiente você for, mais inteligente e criativo se tornará, destacando-se na empresa e no ambiente ao seu redor.

Apenas cerca de 2% das pessoas têm esse sentido de urgência e são elas que acabam chegando ao cargo mais alto da empresa. Quando você constrói uma reputação de profissional eficiente e confiável em tudo o que realiza, atrai muito mais oportunidades de exercer cada vez mais tarefas de extrema importância.

Claro que agir de maneira rápida e eficiente não significa que você deve sacrificar a qualidade. Tente se destacar pela excelência, mas faça isso o mais rápido que puder. E, quanto mais importante for a tarefa para o futuro da companhia, mais cedo você deve começá-la e concluí-la.

Seu objetivo deve ser tornar-se o profissional que os outros procuram quando querem que uma tarefa seja feita rapidamente. Ser reconhecido como um funcionário ágil, eficiente e confiável vai abrir todas as portas para você.

COLOQUE SUAS HABILIDADES EM PRÁTICA

Comece cada dia enumerando tudo o que você precisa fazer. Estabeleça prioridades em todas as tarefas. Um método útil é assinalar cada atividade com uma letra: A, B ou C. Um trabalho que você classificou como A é extremamente importante, um da categoria B tem importância mediana e os que forem marcados com C são pouco relevantes.

A seguir, organize suas tarefas A por nível de prioridade, assinalando-as com A-1, A-2, A-3 e assim por diante. Uma vez definida qual é sua tarefa A-1, dedique-se a ela imediatamente. Ter o hábito de agir com rapidez e eficiência na conclusão de sua principal atribuição permitirá que você conclua mais tarefas importantes e se destaque entre os demais funcionários.

CONCLUSÃO

Sua carreira no rumo do sucesso

Chegamos ao fim deste livro, mas vale repetir um ponto-chave: você é o único responsável por sua carreira e seu futuro. Ninguém se importa mais do que você com isso e nenhuma outra pessoa vai tomar as decisões importantes por você. Não existem limites para o que você pode realizar com a sua ilimitada variedade de talentos e habilidades.

A época em que vivemos é uma das melhores em toda a história da humanidade em termos de oportunidades para obter remuneração mais alta e ser promovido mais rapidamente. Hoje em dia você pode progredir mais, em apenas alguns anos, do que seus pais ou avós podem ter conseguido ao longo de uma vida inteira. Cabe a você fazer tudo o que puder para participar intensamente dessa era de ouro, colocando em prática essas 21 grandes ideias ao longo de toda a sua trajetória profissional.

Aqui estão elas, mais uma vez:

1. Decida exatamente o que você quer. Não é possível acertar um alvo se você não consegue vê-lo. Defina qual é o emprego dos seus sonhos e nunca deixe de se empenhar até consegui-lo.

2. **Escolha a empresa certa.** Pesquise tudo o que puder sobre a organização em que irá trabalhar e certifique-se de que está se comprometendo com uma companhia em que terá chances de progredir.

3. **Escolha o chefe certo.** Tenha certeza de que você gosta do seu chefe e o respeita, além de sentir que poderá dar o melhor de si trabalhando para ele.

4. **Desenvolva uma atitude positiva.** Procure o que há de bom em cada situação e seja o tipo de pessoa com quem os outros querem trabalhar e colaborar.

5. **Crie uma imagem bem-sucedida.** Vista-se e arrume-se com capricho para ir trabalhar e transmita a imagem de vencedor em todas as suas atividades profissionais.

6. **Chegue mais cedo, esforce-se mais e trabalhe até mais tarde.** Sempre busque maneiras de realizar um pouco mais do que você é pago para fazer.

7. **Seja sempre o primeiro.** Empenhe-se em dar a melhor contribuição que puder.

8. **Seja bem claro ao dizer o que quer.** Diga o que deseja e peça mais responsabilidades, mais oportunidades e remuneração mais alta.

9. **Cuide da sua integridade como algo sagrado.** Ao lidar com os outros, seja sempre honesto, objetivo e verdadeiro.

10. **Pense no futuro.** Busque constantemente maneiras de melhorar a empresa em que trabalha e aquilo que você faz.

11. Concentre-se nas suas metas. Determine exatamente o que você quer alcançar e empenhe-se dia após dia em atingir seus principais objetivos.

12. Concentre-se nos resultados. Aplique suas energias físicas e mentais na busca de resultados mais importantes no seu trabalho.

13. Seja um solucionador de problemas. Procure continuamente encontrar maneiras melhores, mais rápidas e mais baratas de resolver os problemas da sua empresa.

14. Libere sua criatividade inata. Exercite sua mente de maneira contínua para ter ideias que possam ajudar a sua empresa a obter resultados mais rápidos, mais baratos e mais fáceis.

15. Sempre ponha as pessoas em primeiro lugar. Procure encontrar maneiras de ajudar o seu chefe e os demais funcionários a fazerem o melhor para a empresa.

16. Invista constantemente em você. Leia, estude, participe de seminários e aproveite o tempo gasto no trânsito para ouvir audiolivros todos os dias, a fim de aumentar seu conhecimento e suas habilidades.

17. Comprometa-se com a excelência. Destaque-se ao realizar com qualidade as tarefas que são realmente importantes para a sua empresa e seus clientes.

18. Concentre-se no cliente. Coloque as necessidades e o bem-estar dos clientes no centro de suas atividades.

19. Mantenha o foco nos resultados financeiros. Trate cada fonte de receita e despesa como se o capital envolvido fosse seu próprio dinheiro e sempre busque maneiras de melhorar os resultados da empresa em que trabalha.

20. Desenvolva seu poder pessoal. Destaque-se como um profissional especializado e cultive a personalidade adequada para conquistar resultados melhores para sua empresa.

21. Faça seu trabalho de maneira rápida e eficiente. Seja reconhecido como um funcionário ágil, eficiente e confiável, que consegue obter os resultados mais rapidamente do que qualquer outro.

Hoje em dia, as principais fontes de riqueza são o talento e a capacidade, o conhecimento e as ideias. Dinheiro e outros benefícios são obtidos por quem demonstra que pode fazer o seu trabalho com rapidez e eficiência.

Quando começar a colocar em prática essas 21 excelentes maneiras de ganhar mais e ser promovido rapidamente, sua carreira vai deslanchar. Você irá progredir mais rápido do que qualquer outro profissional à sua volta e transformará sua carreira e sua vida em algo realmente extraordinário. Não há limites para o seu sucesso. Comece agora mesmo!

CONHEÇA OUTROS TÍTULOS DO AUTOR

CONTRATE E MANTENHA AS MELHORES PESSOAS

Brian Tracy

O sucesso de qualquer negócio depende da qualidade das pessoas que estão por trás dele. Por isso, contratar é uma habilidade decisiva para um chefe ou gerente.

Empresário e palestrante com vasta experiência em aprimoramento profissional, Brian Tracy revela as estratégias usadas por executivos e gerentes bem-sucedidos para atrair funcionários eficientes e comprometidos com o crescimento da empresa.

Ele apresenta os 21 princípios fundamentais para recrutar as pessoas mais talentosas e mantê-las produtivas e satisfeitas. Entre outras coisas, ele recomenda que você contrate sem pressa e demita rapidamente, seja claro ao definir as responsabilidades do cargo, faça todo mundo sentir-se importante e crie um ambiente de trabalho excelente.

Seguindo esses princípios, você poderá formar uma ótima equipe, aumentar sua contribuição à empresa e se sentir satisfeito e competente com o trabalho que realiza.

AS LEIS UNIVERSAIS DO SUCESSO
Brian Tracy

Você gostaria de transformar sua vida e sentir-se mais satisfeito com quem é, o que faz e os resultados que alcança? Talvez seja a hora de conhecer as leis que governam o sucesso, a felicidade, o amor, o dinheiro, os negócios e todos os outros aspectos essenciais para a autorrealização.

Cada uma das 120 mensagens inspiradoras desse livro propõe uma reflexão sobre temas como otimismo, motivação, hábitos, enriquecimento, escolhas e expectativas – pequenos grandes princípios que você pode aplicar à sua vida para torná-la ainda mais feliz, próspera e bem-sucedida.

O PODER DO CHARME
Brian Tracy com Ron Arden

Ser charmoso não significa ser bonito, inteligente, rico ou bem-sucedido. Significa ser capaz de causar um encantamento imediato e fazer com que os outros se sintam realmente importantes.

Depois de identificar as características comuns às pessoas charmosas, os consultores Brian Tracy e Ron Arden reuniram neste livro regras e técnicas simples para ensinar passo a passo como se tornar mais cativante e persuasivo em qualquer situação.

Como o charme não é uma qualidade inata, com a orientação necessária qualquer pessoa pode aprender a ser alguém que todos desejam ter por perto. Em capítulos curtos e objetivos, *O poder do charme* aponta o caminho para transformar radicalmente sua vida social, amorosa e profissional.

CONHEÇA OUTROS TÍTULOS DA EDITORA SEXTANTE

FAÇA O QUE TEM DE SER FEITO

Bob Nelson

A mensagem desse livro é simples mas poderosa: fazer o que precisa ser feito, e não apenas o que lhe pedem, é a marca registrada da excelência profissional. Esta é a postura que devemos adotar para crescer e nos realizarmos profissionalmente.

Atender a um cliente, solucionar um problema, ajudar um colega de trabalho, dar uma sugestão para economizar dinheiro, desenvolver uma ideia ou aprimorar um processo são ações esperadas de cada pessoa a partir do momento em que é contratada.

É isso que Bob Nelson chama de "A Expectativa Suprema": uma mensagem que todo mundo precisa ouvir, mas que poucas empresas declaram explicitamente.

Com exemplos claros e concretos, ele vai mostrar as diversas iniciativas que você pode tomar para ser reconhecido como alguém que "faz as coisas acontecerem". A recompensa chegará antes do que você imagina.

O MONGE E O EXECUTIVO

James C. Hunter

O monge e o executivo conta a história de John Daily, um homem de negócios bem-sucedido que percebe, de repente, que está fracassando como chefe, marido e pai. Numa tentativa desesperada de retomar o controle da situação, ele decide participar de um retiro sobre liderança num mosteiro beneditino, comandado pelo frade Leonard Hoffman, um influente empresário americano que abandonou tudo em busca de um novo sentido para a sua vida.

O monge defende que a base da liderança não é o poder e sim a autoridade, conquistada com amor, dedicação e sacrifício. E diz ainda que respeito, responsabilidade e cuidado com as pessoas são virtudes indispensáveis a um grande líder. Ou seja, para liderar é preciso estar disposto a servir.

Através da história desses personagens fascinantes, James C. Hunter apresenta conceitos fundamentais para melhorar nossa capacidade de liderança e o convívio com os outros, ajudando assim a nos tornarmos pessoas melhores e abrindo caminho para o sucesso duradouro.

CONHEÇA OS CLÁSSICOS DA EDITORA SEXTANTE

1.000 lugares para conhecer antes de morrer, de Patricia Schultz

A História – A Bíblia contada como uma só história do começo ao fim, de The Zondervan Corporation

A última grande lição, de Mitch Albom

Conversando com os espíritos e *Espíritos entre nós,* de James Van Praagh

Desvendando os segredos da linguagem corporal e *Por que os homens fazem sexo e as mulheres fazem amor?,* de Allan e Barbara Pease

Enquanto o amor não vem, de Iyanla Vanzant

Faça o que tem de ser feito, de Bob Nelson

Fora de série – Outliers, de Malcolm Gladwell

Jesus, o maior psicólogo que já existiu, de Mark W. Baker

Mantenha o seu cérebro vivo, de Laurence Katz e Manning Rubin

Mil dias em Veneza, de Marlena de Blasi

Muitas vidas, muitos mestres, de Brian Weiss

Não tenha medo de ser chefe, de Bruce Tulgan

Nunca desista de seus sonhos e *Pais brilhantes, professores fascinantes,* de Augusto Cury

O monge e o executivo, de James C. Hunter

O Poder do Agora, de Eckhart Tolle

O que toda mulher inteligente deve saber, de Steven Carter e Julia Sokol

Os segredos da mente milionária, de Harv T. Ecker

Por que os homens amam as mulheres poderosas?, de Sherry Argov

Salomão, o homem mais rico que já existiu, de Steven K. Scott

Transformando suor em ouro, de Bernardinho

INFORMAÇÕES SOBRE OS PRÓXIMOS LANÇAMENTOS

Para receber informações sobre os lançamentos da EDITORA SEXTANTE, basta cadastrar-se diretamente no site www.sextante.com.br

Para saber mais sobre nossos títulos e autores e enviar seus comentários sobre este livro, visite o site www.sextante.com.br ou mande um e-mail para atendimento@esextante.com.br

EDITORA SEXTANTE
Rua Voluntários da Pátria, 45 / 1.404 – Botafogo
Rio de Janeiro – RJ – 22270-000 – Brasil
Telefone (21) 2538-4100 – Fax (21) 2286-9244
E-mail: atendimento@esextante.com.br